Network Marketing
BUSINESS TRACKING JOURNAL

Business
Information

Business Name:	
Tag Line:	
Website:	
Business Contact:	
Website:	
Address:	
Owner Name:	
Phone Number:	

Network Marketing
BUSINESS TRACKING JOURNAL

Record

Date: ____/____/____
Name: _____
Email: _____ ☐ Wh ☐ Hm
Phone: _____ ☐ Wh ☐ Hm | Source: _____
☐ 2 days: ___/___   ☐ 2 weeks: ___/___   ☐ 2 months: ___/___
Notes: _____
_____
_____

Date: ____/____/____
Name: _____
Email: _____ ☐ Wh ☐ Hm
Phone: _____ ☐ Wh ☐ Hm | Source: _____
☐ 2 days: ___/___   ☐ 2 weeks: ___/___   ☐ 2 months: ___/___
Notes: _____
_____
_____

Date: ____/____/____
Name: _____
Email: _____ ☐ Wh ☐ Hm
Phone: _____ ☐ Wh ☐ Hm | Source: _____
☐ 2 days: ___/___   ☐ 2 weeks: ___/___   ☐ 2 months: ___/___
Notes: _____
_____
_____

Network Marketing
BUSINESS TRACKING JOURNAL

Contract

Date: _____ / _____ / _____

Company: _____

Contracts Names and Titles:

1. _____
2. _____
3. _____

Business Description:

_____
_____
_____

S.M.A.R.T Meeting Goals:

1. _____
2. _____
3. _____

Meeting Agents:

1. _____
2. _____
3. _____

Recent News, Events and Topics:

_____
_____
_____

Their Next Steps:	Our Next Steps:
1. _____	1. _____
2. _____	2. _____
3. _____	3. _____
4. _____	4. _____

What went well this week?	Why did it go well this week?
What could I have done better this week?	Why didn't it happen this week?
What skills will I improve next week?	What will I do to improve this skill?

Network Marketing
BUSINESS TRACKING JOURNAL

Notes

Network Marketing
BUSINESS TRACKING JOURNAL

Date: ____ / ____ / ____
Name: _____
Email: _____ ☐ Wh ☐ Hm
Phone: _____ ☐ Wh ☐ Hm | Source: _____
☐ 2 days: __ / __   ☐ 2 weeks: __ / __   ☐ 2 months: __ / __
Notes:
_____
_____
_____

Date: ____ / ____ / ____
Name: _____
Email: _____ ☐ Wh ☐ Hm
Phone: _____ ☐ Wh ☐ Hm | Source: _____
☐ 2 days: __ / __   ☐ 2 weeks: __ / __   ☐ 2 months: __ / __
Notes:
_____
_____
_____

Date: ____ / ____ / ____
Name: _____
Email: _____ ☐ Wh ☐ Hm
Phone: _____ ☐ Wh ☐ Hm | Source: _____
☐ 2 days: __ / __   ☐ 2 weeks: __ / __   ☐ 2 months: __ / __
Notes:
_____
_____
_____

Network Marketing
BUSINESS TRACKING JOURNAL

Contract

Date: _____

Company: _____

Contracts Names and Titles:

1. _____
2. _____
3. _____

Business Description:

_____
_____
_____

S.M.A.R.T Meeting Goals:

1. _____
2. _____
3. _____

Meeting Agents:

1. _____
2. _____
3. _____

Recent News, Events and Topics:

_____
_____
_____

Their Next Steps:

1. _____
2. _____
3. _____
4. _____

Our Next Steps:

1. _____
2. _____
3. _____
4. _____

Network Marketing
BUSINESS TRACKING JOURNAL

Weekly
Reflections

What went well this week?

Why did it go well this week?

What could I have done better this week?

Why didn't it happen this week?

What skills will I improve next week?

What will I do to improve this skill?

Network Marketing
BUSINESS TRACKING JOURNAL

Notes

Network Marketing
BUSINESS TRACKING JOURNAL

Date: ____ / ____ / ____
Name: _____
Email: _____ ☐ Wh ☐ Hm
Phone: _____ ☐ Wh ☐ Hm | Source: _____
☐ 2 days: ___ / ___ ☐ 2 weeks: ___ / ___ ☐ 2 months: ___ / ___
Notes: _____
_____
_____

Date: ____ / ____ / ____
Name: _____
Email: _____ ☐ Wh ☐ Hm
Phone: _____ ☐ Wh ☐ Hm | Source: _____
☐ 2 days: ___ / ___ ☐ 2 weeks: ___ / ___ ☐ 2 months: ___ / ___
Notes: _____
_____
_____

Date: ____ / ____ / ____
Name: _____
Email: _____ ☐ Wh ☐ Hm
Phone: _____ ☐ Wh ☐ Hm | Source: _____
☐ 2 days: ___ / ___ ☐ 2 weeks: ___ / ___ ☐ 2 months: ___ / ___
Notes: _____
_____
_____

Network Marketing
BUSINESS TRACKING JOURNAL

Contract

Date: ____/____/____

Company: _____

Contracts Names and Titles:

1. _____
2. _____
3. _____

Business Description:

_____
_____
_____
_____

S.M.A.R.T Meeting Goals:

1. _____
2. _____
3. _____

Meeting Agents:

1. _____
2. _____
3. _____

Recent News, Events and Topics:

_____
_____
_____
_____

Their Next Steps:	Our Next Steps:
1. _____	1. _____
2. _____	2. _____
3. _____	3. _____
4. _____	4. _____

Network Marketing
BUSINESS TRACKING JOURNAL

Weekly Reflections

What went well this week?	Why did it go well this week?

What could I have done better this week?	Why didn't it happen this week?

What skills will I improve next week?	What will I do to improve this skill?

Network Marketing
BUSINESS TRACKING JOURNAL

Notes

Network Marketing
BUSINESS TRACKING JOURNAL

Record

Date: ____ / ____ / ____
Name: _____
Email: _____ ☐ Wh ☐ Hm
Phone: _____ ☐ Wh ☐ Hm | Source: _____
☐ 2 days: ___ / ___   ☐ 2 weeks: ___ / ___   ☐ 2 months: ___ / ___
Notes: _____
_____
_____

Date: ____ / ____ / ____
Name: _____
Email: _____ ☐ Wh ☐ Hm
Phone: _____ ☐ Wh ☐ Hm | Source: _____
☐ 2 days: ___ / ___   ☐ 2 weeks: ___ / ___   ☐ 2 months: ___ / ___
Notes: _____
_____
_____

Date: ____ / ____ / ____
Name: _____
Email: _____ ☐ Wh ☐ Hm
Phone: _____ ☐ Wh ☐ Hm | Source: _____
☐ 2 days: ___ / ___   ☐ 2 weeks: ___ / ___   ☐ 2 months: ___ / ___
Notes: _____
_____
_____

Network Marketing
BUSINESS TRACKING JOURNAL

Contract

Date: ____ / ____ / ____

Company: _____

Contracts Names and Titles:

1. _____
2. _____
3. _____

Business Description:

_____
_____
_____

S.M.A.R.T Meeting Goals:

1. _____
2. _____
3. _____

Meeting Agents:

1. _____
2. _____
3. _____

Recent News, Events and Topics:

_____
_____
_____

Their Next Steps:

1. _____
2. _____
3. _____
4. _____

Our Next Steps:

1. _____
2. _____
3. _____
4. _____

Weekly Reflections

What went well this week?

Why did it go well this week?

What could I have done better this week?

Why didn't it happen this week?

What skills will I improve next week?

What will I do to improve this skill?

Network Marketing
BUSINESS TRACKING JOURNAL

Notes

BUSINESS TRACKING JOURNAL

Date: ___/___/___
Name:
Email: ☐ Wh ☐ Hm
Phone: ☐ Wh ☐ Hm | Source:
☐ 2 days: ___/___ ☐ 2 weeks: ___/___ ☐ 2 months: ___/___
Notes:

Date: ___/___/___
Name:
Email: ☐ Wh ☐ Hm
Phone: ☐ Wh ☐ Hm | Source:
☐ 2 days: ___/___ ☐ 2 weeks: ___/___ ☐ 2 months: ___/___
Notes:

Date: ___/___/___
Name:
Email: ☐ Wh ☐ Hm
Phone: ☐ Wh ☐ Hm | Source:
☐ 2 days: ___/___ ☐ 2 weeks: ___/___ ☐ 2 months: ___/___
Notes:

Network Marketing
BUSINESS TRACKING JOURNAL

Contract

Date: ___/___/___

Company: _____

Contracts Names and Titles:
1. _____
2. _____
3. _____

Business Description:
_____
_____
_____

S.M.A.R.T Meeting Goals:
1. _____
2. _____
3. _____

Meeting Agents:
1. _____
2. _____
3. _____

Recent News, Events and Topics:
_____
_____
_____

Their Next Steps:
1. _____
2. _____
3. _____
4. _____

Our Next Steps:
1. _____
2. _____
3. _____
4. _____

Network Marketing
BUSINESS TRACKING JOURNAL

Weekly
Reflections

What went well this week?	Why did it go well this week?

What could I have done better this week?	Why didn't it happen this week?

What skills will I improve next week?	What will I do to improve this skill?

Network Marketing
BUSINESS TRACKING JOURNAL

Notes

Network Marketing
BUSINESS TRACKING JOURNAL

Record

Date: ____ / ____ / ____
Name: _____
Email: _____ ☐ Wh ☐ Hm
Phone: _____ ☐ Wh ☐ Hm | Source: _____
☐ 2 days: ___ / ___ ☐ 2 weeks: ___ / ___ ☐ 2 months: ___ / ___
Notes: _____
_____
_____

Date: ____ / ____ / ____
Name: _____
Email: _____ ☐ Wh ☐ Hm
Phone: _____ ☐ Wh ☐ Hm | Source: _____
☐ 2 days: ___ / ___ ☐ 2 weeks: ___ / ___ ☐ 2 months: ___ / ___
Notes: _____
_____
_____

Date: ____ / ____ / ____
Name: _____
Email: _____ ☐ Wh ☐ Hm
Phone: _____ ☐ Wh ☐ Hm | Source: _____
☐ 2 days: ___ / ___ ☐ 2 weeks: ___ / ___ ☐ 2 months: ___ / ___
Notes: _____
_____
_____

Network Marketing
BUSINESS TRACKING JOURNAL

Contract

Date: ___/___/___

Company: _____

Contracts Names and Titles:

1. _____
2. _____
3. _____

Business Description:

_____
_____
_____

S.M.A.R.T Meeting Goals:

1. _____
2. _____
3. _____

Meeting Agents:

1. _____
2. _____
3. _____

Recent News, Events and Topics:

_____
_____
_____

Their Next Steps:

1. _____
2. _____
3. _____
4. _____

Our Next Steps:

1. _____
2. _____
3. _____
4. _____

BUSINESS TRACKING JOURNAL

What went well this week?	Why did it go well this week?

What could I have done better this week?	Why didn't it happen this week?

What skills will I improve next week?	What will I do to improve this skill?

Network Marketing
BUSINESS TRACKING JOURNAL

Notes

Network Marketing
BUSINESS TRACKING JOURNAL

Record

Date: ____ / ____ / ____
Name: _____
Email: _____ ☐ Wh ☐ Hm
Phone: _____ ☐ Wh ☐ Hm | Source: _____
☐ 2 days: ___/___ ☐ 2 weeks: ___/___ ☐ 2 months: ___/___
Notes: _____
_____
_____
_____

Date: ____ / ____ / ____
Name: _____
Email: _____ ☐ Wh ☐ Hm
Phone: _____ ☐ Wh ☐ Hm | Source: _____
☐ 2 days: ___/___ ☐ 2 weeks: ___/___ ☐ 2 months: ___/___
Notes: _____
_____
_____
_____

Date: ____ / ____ / ____
Name: _____
Email: _____ ☐ Wh ☐ Hm
Phone: _____ ☐ Wh ☐ Hm | Source: _____
☐ 2 days: ___/___ ☐ 2 weeks: ___/___ ☐ 2 months: ___/___
Notes: _____
_____
_____
_____

Network Marketing
BUSINESS TRACKING JOURNAL

Contract

Date: ____/____/____

Company: _____

Contracts Names and Titles:

1. _____
2. _____
3. _____

Business Description:

_____
_____
_____
_____

S.M.A.R.T Meeting Goals:

1. _____
2. _____
3. _____

Meeting Agents:

1. _____
2. _____
3. _____

Recent News, Events and Topics:

_____
_____
_____
_____

Their Next Steps:	Our Next Steps:
1. _____	1. _____
2. _____	2. _____
3. _____	3. _____
4. _____	4. _____

What went well this week?	Why did it go well this week?

What could I have done better this week?	Why didn't it happen this week?

What skills will I improve next week?	What will I do to improve this skill?

Network Marketing
BUSINESS TRACKING JOURNAL

Notes

Network Marketing
BUSINESS TRACKING JOURNAL

Date: ____ / ____ / ____
Name: _____
Email: _____ ☐ Wh ☐ Hm
Phone: _____ ☐ Wh ☐ Hm | Source: _____
☐ 2 days: ___ / ___   ☐ 2 weeks: ___ / ___   ☐ 2 months: ___ / ___
Notes: _____
_____
_____

Date: ____ / ____ / ____
Name: _____
Email: _____ ☐ Wh ☐ Hm
Phone: _____ ☐ Wh ☐ Hm | Source: _____
☐ 2 days: ___ / ___   ☐ 2 weeks: ___ / ___   ☐ 2 months: ___ / ___
Notes: _____
_____
_____

Date: ____ / ____ / ____
Name: _____
Email: _____ ☐ Wh ☐ Hm
Phone: _____ ☐ Wh ☐ Hm | Source: _____
☐ 2 days: ___ / ___   ☐ 2 weeks: ___ / ___   ☐ 2 months: ___ / ___
Notes: _____
_____
_____

Network Marketing
BUSINESS TRACKING JOURNAL

Contract

Date: ___/___/___

Company: _____

Contracts Names and Titles:

1. _____
2. _____
3. _____

Business Description:

_____
_____
_____

S.M.A.R.T Meeting Goals:

1. _____
2. _____
3. _____

Meeting Agents:

1. _____
2. _____
3. _____

Recent News, Events and Topics:

_____
_____
_____

Their Next Steps:	Our Next Steps:
1. _____	1. _____
2. _____	2. _____
3. _____	3. _____
4. _____	4. _____

Network Marketing
BUSINESS TRACKING JOURNAL

Weekly
Reflections

What went well this week?	Why did it go well this week?

What could I have done better this week?	Why didn't it happen this week?

What skills will I improve next week?	What will I do to improve this skill?

Network Marketing
BUSINESS TRACKING JOURNAL

Notes

Network Marketing
BUSINESS TRACKING JOURNAL

Date: ____/____/____
Name:
Email: ☐ Wh ☐ Hm
Phone: ☐ Wh ☐ Hm | Source:
☐ 2 days: ____/____ ☐ 2 weeks: ____/____ ☐ 2 months: ____/____
Notes:

Date: ____/____/____
Name:
Email: ☐ Wh ☐ Hm
Phone: ☐ Wh ☐ Hm | Source:
☐ 2 days: ____/____ ☐ 2 weeks: ____/____ ☐ 2 months: ____/____
Notes:

Date: ____/____/____
Name:
Email: ☐ Wh ☐ Hm
Phone: ☐ Wh ☐ Hm | Source:
☐ 2 days: ____/____ ☐ 2 weeks: ____/____ ☐ 2 months: ____/____
Notes:

Network Marketing
BUSINESS TRACKING JOURNAL

Contract

Date: ____ / ____ / ____

Company: _____

Contracts Names and Titles:

1. _____
2. _____
3. _____

Business Description:

_____
_____
_____
_____

S.M.A.R.T Meeting Goals:

1. _____
2. _____
3. _____

Meeting Agents:

1. _____
2. _____
3. _____

Recent News, Events and Topics:

_____
_____
_____
_____

Their Next Steps:	Our Next Steps:
1. _____	1. _____
2. _____	2. _____
3. _____	3. _____
4. _____	4. _____

Network Marketing
BUSINESS TRACKING JOURNAL

Weekly
Reflections

What went well this week?	Why did it go well this week?

What could I have done better this week?	Why didn't it happen this week?

What skills will I improve next week?	What will I do to improve this skill?

Network Marketing
BUSINESS TRACKING JOURNAL

Notes

Network Marketing
BUSINESS TRACKING JOURNAL

Record

Date: ____ / ____ / ____
Name: _____
Email: _____ ☐ Wh ☐ Hm
Phone: _____ ☐ Wh ☐ Hm | Source: _____
☐ 2 days: __ / __   ☐ 2 weeks: __ / __   ☐ 2 months: __ / __
Notes: _____
_____
_____
_____

Date: ____ / ____ / ____
Name: _____
Email: _____ ☐ Wh ☐ Hm
Phone: _____ ☐ Wh ☐ Hm | Source: _____
☐ 2 days: __ / __   ☐ 2 weeks: __ / __   ☐ 2 months: __ / __
Notes: _____
_____
_____
_____

Date: ____ / ____ / ____
Name: _____
Email: _____ ☐ Wh ☐ Hm
Phone: _____ ☐ Wh ☐ Hm | Source: _____
☐ 2 days: __ / __   ☐ 2 weeks: __ / __   ☐ 2 months: __ / __
Notes: _____
_____
_____
_____

Network Marketing
BUSINESS TRACKING JOURNAL

Contract

Date: _____/_____/_____

Company: _____

Contracts Names and Titles:

1. _____
2. _____
3. _____

Business Description:
_____
_____
_____
_____

S.M.A.R.T Meeting Goals:

1. _____
2. _____
3. _____

Meeting Agents:

1. _____
2. _____
3. _____

Recent News, Events and Topics:
_____
_____
_____
_____

Their Next Steps:

1. _____
2. _____
3. _____
4. _____

Our Next Steps:

1. _____
2. _____
3. _____
4. _____

What went well this week?	Why did it go well this week?

What could I have done better this week?	Why didn't it happen this week?

What skills will I improve next week?	What will I do to improve this skill?

Network Marketing
BUSINESS TRACKING JOURNAL

Notes

Network Marketing
BUSINESS TRACKING JOURNAL

Date: ____/____/____
Name: _____
Email: _____ ☐ Wh ☐ Hm
Phone: _____ ☐ Wh ☐ Hm | Source: _____
☐ 2 days: ___/___ ☐ 2 weeks: ___/___ ☐ 2 months: ___/___
Notes: _____
_____
_____
_____

Date: ____/____/____
Name: _____
Email: _____ ☐ Wh ☐ Hm
Phone: _____ ☐ Wh ☐ Hm | Source: _____
☐ 2 days: ___/___ ☐ 2 weeks: ___/___ ☐ 2 months: ___/___
Notes: _____
_____
_____
_____

Date: ____/____/____
Name: _____
Email: _____ ☐ Wh ☐ Hm
Phone: _____ ☐ Wh ☐ Hm | Source: _____
☐ 2 days: ___/___ ☐ 2 weeks: ___/___ ☐ 2 months: ___/___
Notes: _____
_____
_____
_____

Network Marketing
BUSINESS TRACKING JOURNAL

Contract

Date: _____

Company: _____

Contracts Names and Titles:
1. _____
2. _____
3. _____

Business Description:
_____
_____
_____

S.M.A.R.T Meeting Goals:
1. _____
2. _____
3. _____

Meeting Agents:
1. _____
2. _____
3. _____

Recent News, Events and Topics:
_____
_____
_____

Their Next Steps:
1. _____
2. _____
3. _____
4. _____

Our Next Steps:
1. _____
2. _____
3. _____
4. _____

Network Marketing
BUSINESS TRACKING JOURNAL

Weekly
Reflections

What went well this week?	Why did it go well this week?

What could I have done better this week?	Why didn't it happen this week?

What skills will I improve next week?	What will I do to improve this skill?

Network Marketing
BUSINESS TRACKING JOURNAL

Notes

Network Marketing
BUSINESS TRACKING JOURNAL

Date: ____ / ____ / ____
Name: _____
Email: _____ ☐ Wh ☐ Hm
Phone: _____ ☐ Wh ☐ Hm | Source: _____
☐ 2 days: ___ / ___   ☐ 2 weeks: ___ / ___   ☐ 2 months: ___ / ___
Notes: _____
_____
_____

Date: ____ / ____ / ____
Name: _____
Email: _____ ☐ Wh ☐ Hm
Phone: _____ ☐ Wh ☐ Hm | Source: _____
☐ 2 days: ___ / ___   ☐ 2 weeks: ___ / ___   ☐ 2 months: ___ / ___
Notes: _____
_____
_____

Date: ____ / ____ / ____
Name: _____
Email: _____ ☐ Wh ☐ Hm
Phone: _____ ☐ Wh ☐ Hm | Source: _____
☐ 2 days: ___ / ___   ☐ 2 weeks: ___ / ___   ☐ 2 months: ___ / ___
Notes: _____
_____
_____

Network Marketing
BUSINESS TRACKING JOURNAL

Contract

Date: _____

Company: _____

Contracts Names and Titles:

1. _____
2. _____
3. _____

Business Description:
_____
_____
_____
_____

S.M.A.R.T Meeting Goals:

1. _____
2. _____
3. _____

Meeting Agents:

1. _____
2. _____
3. _____

Recent News, Events and Topics:
_____
_____
_____
_____

Their Next Steps:	Our Next Steps:
1. _____	1. _____
2. _____	2. _____
3. _____	3. _____
4. _____	4. _____

Network Marketing
BUSINESS TRACKING JOURNAL

Weekly
Reflections

What went well this week?	Why did it go well this week?

What could I have done better this week?	Why didn't it happen this week?

What skills will I improve next week?	What will I do to improve this skill?

Network Marketing
BUSINESS TRACKING JOURNAL

Notes

Network Marketing
BUSINESS TRACKING JOURNAL

Record

Date: ____/____/____
Name: _____
Email: _____ ☐ Wh ☐ Hm
Phone: _____ ☐ Wh ☐ Hm | Source: _____
☐ 2 days: ___/___ ☐ 2 weeks: ___/___ ☐ 2 months: ___/___
Notes: _____
_____
_____
_____

Date: ____/____/____
Name: _____
Email: _____ ☐ Wh ☐ Hm
Phone: _____ ☐ Wh ☐ Hm | Source: _____
☐ 2 days: ___/___ ☐ 2 weeks: ___/___ ☐ 2 months: ___/___
Notes: _____
_____
_____
_____

Date: ____/____/____
Name: _____
Email: _____ ☐ Wh ☐ Hm
Phone: _____ ☐ Wh ☐ Hm | Source: _____
☐ 2 days: ___/___ ☐ 2 weeks: ___/___ ☐ 2 months: ___/___
Notes: _____
_____
_____
_____

Network Marketing
BUSINESS TRACKING JOURNAL

Contract

Date: _____

Company: _____

Contracts Names and Titles:

1. _____
2. _____
3. _____

Business Description:

_____
_____
_____

S.M.A.R.T Meeting Goals:

1. _____
2. _____
3. _____

Meeting Agents:

1. _____
2. _____
3. _____

Recent News, Events and Topics:

_____
_____
_____

Their Next Steps:	Our Next Steps:
1.	1.
2.	2.
3.	3.
4.	4.

What went well this week?	Why did it go well this week?

What could I have done better this week?	Why didn't it happen this week?

What skills will I improve next week?	What will I do to improve this skill?

Network Marketing
BUSINESS TRACKING JOURNAL

Notes

Network Marketing
BUSINESS TRACKING JOURNAL

Record

Date: ____/____/____

Name: _____

Email: _____ ☐ Wh ☐ Hm

Phone: _____ ☐ Wh ☐ Hm | Source: _____

☐ 2 days: ____/____ ☐ 2 weeks: ____/____ ☐ 2 months: ____/____

Notes: _____
_____
_____

Date: ____/____/____

Name: _____

Email: _____ ☐ Wh ☐ Hm

Phone: _____ ☐ Wh ☐ Hm | Source: _____

☐ 2 days: ____/____ ☐ 2 weeks: ____/____ ☐ 2 months: ____/____

Notes: _____
_____
_____

Date: ____/____/____

Name: _____

Email: _____ ☐ Wh ☐ Hm

Phone: _____ ☐ Wh ☐ Hm | Source: _____

☐ 2 days: ____/____ ☐ 2 weeks: ____/____ ☐ 2 months: ____/____

Notes: _____
_____
_____

Network Marketing
BUSINESS TRACKING JOURNAL

Contract

Date: ____/____/____

Company: _____

Contracts Names and Titles:

1. _____
2. _____
3. _____

Business Description:

_____
_____
_____

S.M.A.R.T Meeting Goals:

1. _____
2. _____
3. _____

Meeting Agents:

1. _____
2. _____
3. _____

Recent News, Events and Topics:

_____
_____
_____

Their Next Steps:

1. _____
2. _____
3. _____
4. _____

Our Next Steps:

1. _____
2. _____
3. _____
4. _____

Network Marketing
BUSINESS TRACKING JOURNAL

Weekly
Reflections

What went well this week?	Why did it go well this week?

What could I have done better this week?	Why didn't it happen this week?

What skills will I improve next week?	What will I do to improve this skill?

Network Marketing
BUSINESS TRACKING JOURNAL

Notes

Network Marketing
BUSINESS TRACKING JOURNAL

Record

Date: ____ / ____ / ____
Name: _____
Email: _____ ☐ Wh ☐ Hm
Phone: _____ ☐ Wh ☐ Hm | Source: _____
☐ 2 days: ___ / ___   ☐ 2 weeks: ___ / ___   ☐ 2 months: ___ / ___
Notes: _____
_____
_____

Date: ____ / ____ / ____
Name: _____
Email: _____ ☐ Wh ☐ Hm
Phone: _____ ☐ Wh ☐ Hm | Source: _____
☐ 2 days: ___ / ___   ☐ 2 weeks: ___ / ___   ☐ 2 months: ___ / ___
Notes: _____
_____
_____

Date: ____ / ____ / ____
Name: _____
Email: _____ ☐ Wh ☐ Hm
Phone: _____ ☐ Wh ☐ Hm | Source: _____
☐ 2 days: ___ / ___   ☐ 2 weeks: ___ / ___   ☐ 2 months: ___ / ___
Notes: _____
_____
_____

Network Marketing
BUSINESS TRACKING JOURNAL

Contract

Date: ____ / ____ / ____

Company: _____

Contracts Names and Titles:
1. _____
2. _____
3. _____

Business Description:
_____
_____
_____

S.M.A.R.T Meeting Goals:
1. _____
2. _____
3. _____

Meeting Agents:
1. _____
2. _____
3. _____

Recent News, Events and Topics:
_____
_____
_____

Their Next Steps:
1. _____
2. _____
3. _____
4. _____

Our Next Steps:
1. _____
2. _____
3. _____
4. _____

What went well this week?	Why did it go well this week?
What could I have done better this week?	Why didn't it happen this week?
What skills will I improve next week?	What will I do to improve this skill?

Network Marketing
BUSINESS TRACKING JOURNAL

Notes

Network Marketing
BUSINESS TRACKING JOURNAL

Record

Date: _____ / _____ / _____

Name: _____

Email: _____ ☐ Wh ☐ Hm

Phone: _____ ☐ Wh ☐ Hm | Source: _____

☐ 2 days: ____ / ____   ☐ 2 weeks: ____ / ____   ☐ 2 months: ____ / ____

Notes: _____
_____
_____

Date: _____ / _____ / _____

Name: _____

Email: _____ ☐ Wh ☐ Hm

Phone: _____ ☐ Wh ☐ Hm | Source: _____

☐ 2 days: ____ / ____   ☐ 2 weeks: ____ / ____   ☐ 2 months: ____ / ____

Notes: _____
_____
_____

Date: _____ / _____ / _____

Name: _____

Email: _____ ☐ Wh ☐ Hm

Phone: _____ ☐ Wh ☐ Hm | Source: _____

☐ 2 days: ____ / ____   ☐ 2 weeks: ____ / ____   ☐ 2 months: ____ / ____

Notes: _____
_____
_____

Network Marketing
BUSINESS TRACKING JOURNAL

Contract

Date: _____

Company: _____

Contracts Names and Titles:
1. _____
2. _____
3. _____

Business Description:
_____
_____
_____
_____

S.M.A.R.T Meeting Goals:
1. _____
2. _____
3. _____

Meeting Agents:
1. _____
2. _____
3. _____

Recent News, Events and Topics:
_____
_____
_____
_____

Their Next Steps:
1. _____
2. _____
3. _____
4. _____

Our Next Steps:
1. _____
2. _____
3. _____
4. _____

Network Marketing
BUSINESS TRACKING JOURNAL

Weekly
Reflections

What went well this week?

Why did it go well this week?

What could I have done better this week?

Why didn't it happen this week?

What skills will I improve next week?

What will I do to improve this skill?

Network Marketing
BUSINESS TRACKING JOURNAL

Notes

Network Marketing
BUSINESS TRACKING JOURNAL

Record

Date: ____/____/____

Name: _____

Email: _____ ☐ Wh ☐ Hm

Phone: _____ ☐ Wh ☐ Hm | Source: _____

☐ 2 days: ___/___ ☐ 2 weeks: ___/___ ☐ 2 months: ___/___

Notes: _____
_____
_____

Date: ____/____/____

Name: _____

Email: _____ ☐ Wh ☐ Hm

Phone: _____ ☐ Wh ☐ Hm | Source: _____

☐ 2 days: ___/___ ☐ 2 weeks: ___/___ ☐ 2 months: ___/___

Notes: _____
_____
_____

Date: ____/____/____

Name: _____

Email: _____ ☐ Wh ☐ Hm

Phone: _____ ☐ Wh ☐ Hm | Source: _____

☐ 2 days: ___/___ ☐ 2 weeks: ___/___ ☐ 2 months: ___/___

Notes: _____
_____
_____

Network Marketing
BUSINESS TRACKING JOURNAL

Contract

Date: _____

Company: _____

Contracts Names and Titles:

1. _____
2. _____
3. _____

Business Description:

_____
_____
_____

S.M.A.R.T Meeting Goals:

1. _____
2. _____
3. _____

Meeting Agents:

1. _____
2. _____
3. _____

Recent News, Events and Topics:

_____
_____
_____

Their Next Steps:

1. _____
2. _____
3. _____
4. _____

Our Next Steps:

1. _____
2. _____
3. _____
4. _____

Network Marketing
BUSINESS TRACKING JOURNAL

Weekly
Reflections

What went well this week?	Why did it go well this week?

What could I have done better this week?	Why didn't it happen this week?

What skills will I improve next week?	What will I do to improve this skill?

Network Marketing
BUSINESS TRACKING JOURNAL

Notes

Network Marketing
BUSINESS TRACKING JOURNAL

Record

Date: ____/____/____
Name: _____
Email: _____ ☐ Wh ☐ Hm
Phone: _____ ☐ Wh ☐ Hm | Source: _____
☐ 2 days: ___/___ ☐ 2 weeks: ___/___ ☐ 2 months: ___/___
Notes:
_____
_____
_____

Date: ____/____/____
Name: _____
Email: _____ ☐ Wh ☐ Hm
Phone: _____ ☐ Wh ☐ Hm | Source: _____
☐ 2 days: ___/___ ☐ 2 weeks: ___/___ ☐ 2 months: ___/___
Notes:
_____
_____
_____

Date: ____/____/____
Name: _____
Email: _____ ☐ Wh ☐ Hm
Phone: _____ ☐ Wh ☐ Hm | Source: _____
☐ 2 days: ___/___ ☐ 2 weeks: ___/___ ☐ 2 months: ___/___
Notes:
_____
_____
_____

Network Marketing
BUSINESS TRACKING JOURNAL

Contract

Date: _____

Company: _____

Contracts Names and Titles:

1. _____
2. _____
3. _____

Business Description:

_____
_____
_____

S.M.A.R.T Meeting Goals:

1. _____
2. _____
3. _____

Meeting Agents:

1. _____
2. _____
3. _____

Recent News, Events and Topics:

_____
_____
_____

Their Next Steps:	Our Next Steps:
1. _____	1. _____
2. _____	2. _____
3. _____	3. _____
4. _____	4. _____

Weekly
Reflections

What went well this week?	Why did it go well this week?

What could I have done better this week?	Why didn't it happen this week?

What skills will I improve next week?	What will I do to improve this skill?

Network Marketing
BUSINESS TRACKING JOURNAL

Notes

Network Marketing
BUSINESS TRACKING JOURNAL

Record

Date: ___/___/___
Name: _____
Email: _____ ☐ Wh ☐ Hm
Phone: _____ ☐ Wh ☐ Hm | Source: _____
☐ 2 days: ___/___ ☐ 2 weeks: ___/___ ☐ 2 months: ___/___
Notes: _____
_____
_____

Date: ___/___/___
Name: _____
Email: _____ ☐ Wh ☐ Hm
Phone: _____ ☐ Wh ☐ Hm | Source: _____
☐ 2 days: ___/___ ☐ 2 weeks: ___/___ ☐ 2 months: ___/___
Notes: _____
_____
_____

Date: ___/___/___
Name: _____
Email: _____ ☐ Wh ☐ Hm
Phone: _____ ☐ Wh ☐ Hm | Source: _____
☐ 2 days: ___/___ ☐ 2 weeks: ___/___ ☐ 2 months: ___/___
Notes: _____
_____
_____

Network Marketing
BUSINESS TRACKING JOURNAL

Contract

Date: ..../......../........

Company: ....

Contracts Names and Titles:

   1. ....

   2. ....

   3. ....

Business Description:

....

....

....

S.M.A.R.T Meeting Goals:

   1. ....

   2. ....

   3. ....

Meeting Agents:

   1. ....

   2. ....

   3. ....

Recent News, Events and Topics:

....

....

....

Their Next Steps:	Our Next Steps:
1.	1. ....
2.	2. ....
3.	3. ....
4.	4. ....

Network Marketing
BUSINESS TRACKING JOURNAL

Weekly
Reflections

What went well this week?	Why did it go well this week?

What could I have done better this week?	Why didn't it happen this week?

What skills will I improve next week?	What will I do to improve this skill?

Network Marketing
BUSINESS TRACKING JOURNAL

Notes

Network Marketing
BUSINESS TRACKING JOURNAL

Record

Date: ____/____/____
Name: _____
Email: _____ ☐ Wh ☐ Hm
Phone: _____ ☐ Wh ☐ Hm | Source: _____
☐ 2 days: ___/___ ☐ 2 weeks: ___/___ ☐ 2 months: ___/___
Notes: _____
_____
_____

Date: ____/____/____
Name: _____
Email: _____ ☐ Wh ☐ Hm
Phone: _____ ☐ Wh ☐ Hm | Source: _____
☐ 2 days: ___/___ ☐ 2 weeks: ___/___ ☐ 2 months: ___/___
Notes: _____
_____
_____

Date: ____/____/____
Name: _____
Email: _____ ☐ Wh ☐ Hm
Phone: _____ ☐ Wh ☐ Hm | Source: _____
☐ 2 days: ___/___ ☐ 2 weeks: ___/___ ☐ 2 months: ___/___
Notes: _____
_____
_____

Network Marketing
BUSINESS TRACKING JOURNAL

Contract

Date: _____

Company: _____

Contracts Names and Titles:
1. _____
2. _____
3. _____

Business Description:
_____
_____
_____

S.M.A.R.T Meeting Goals:
1. _____
2. _____
3. _____

Meeting Agents:
1. _____
2. _____
3. _____

Recent News, Events and Topics:
_____
_____
_____

Their Next Steps:
1. _____
2. _____
3. _____
4. _____

Our Next Steps:
1. _____
2. _____
3. _____
4. _____

Network Marketing
BUSINESS TRACKING JOURNAL

Weekly
Reflections

What went well this week?	Why did it go well this week?

What could I have done better this week?	Why didn't it happen this week?

What skills will I improve next week?	What will I do to improve this skill?

Network Marketing
BUSINESS TRACKING JOURNAL

Notes

Network Marketing
BUSINESS TRACKING JOURNAL

Record

Date: ___/___/___
Name: _____
Email: _____ ☐ Wh ☐ Hm
Phone: _____ ☐ Wh ☐ Hm | Source: _____
☐ 2 days: ___/___ ☐ 2 weeks: ___/___ ☐ 2 months: ___/___
Notes: _____
_____
_____

Date: ___/___/___
Name: _____
Email: _____ ☐ Wh ☐ Hm
Phone: _____ ☐ Wh ☐ Hm | Source: _____
☐ 2 days: ___/___ ☐ 2 weeks: ___/___ ☐ 2 months: ___/___
Notes: _____
_____
_____

Date: ___/___/___
Name: _____
Email: _____ ☐ Wh ☐ Hm
Phone: _____ ☐ Wh ☐ Hm | Source: _____
☐ 2 days: ___/___ ☐ 2 weeks: ___/___ ☐ 2 months: ___/___
Notes: _____
_____
_____

Network Marketing
BUSINESS TRACKING JOURNAL

Contract

Date: _____

Company: _____

Contracts Names and Titles:

1. _____
2. _____
3. _____

Business Description:

_____
_____
_____

S.M.A.R.T Meeting Goals:

1. _____
2. _____
3. _____

Meeting Agents:

1. _____
2. _____
3. _____

Recent News, Events and Topics:

_____
_____
_____

Their Next Steps:

1. _____
2. _____
3. _____
4. _____

Our Next Steps:

1. _____
2. _____
3. _____
4. _____

What went well this week?	Why did it go well this week?

What could I have done better this week?	Why didn't it happen this week?

What skills will I improve next week?	What will I do to improve this skill?

Network Marketing
BUSINESS TRACKING JOURNAL

Notes

Network Marketing
BUSINESS TRACKING JOURNAL

Record

Date: _____/_____/_____
Name: _____
Email: _____ ☐ Wh ☐ Hm
Phone: _____ ☐ Wh ☐ Hm | Source: _____
☐ 2 days: ____/____   ☐ 2 weeks: ____/____   ☐ 2 months: ____/____
Notes: _____
_____
_____

Date: _____/_____/_____
Name: _____
Email: _____ ☐ Wh ☐ Hm
Phone: _____ ☐ Wh ☐ Hm | Source: _____
☐ 2 days: ____/____   ☐ 2 weeks: ____/____   ☐ 2 months: ____/____
Notes: _____
_____
_____

Date: _____/_____/_____
Name: _____
Email: _____ ☐ Wh ☐ Hm
Phone: _____ ☐ Wh ☐ Hm | Source: _____
☐ 2 days: ____/____   ☐ 2 weeks: ____/____   ☐ 2 months: ____/____
Notes: _____
_____
_____

Network Marketing
BUSINESS TRACKING JOURNAL

Contract

Date: ____/____/____

Company: _____

Contracts Names and Titles:

1. _____
2. _____
3. _____

Business Description:

_____
_____
_____

S.M.A.R.T Meeting Goals:

1. _____
2. _____
3. _____

Meeting Agents:

1. _____
2. _____
3. _____

Recent News, Events and Topics:

_____
_____
_____

Their Next Steps:	Our Next Steps:
1. _____	1. _____
2. _____	2. _____
3. _____	3. _____
4. _____	4. _____

Network Marketing
BUSINESS TRACKING JOURNAL

Weekly
Reflections

What went well this week?

Why did it go well this week?

What could I have done better this week?

Why didn't it happen this week?

What skills will I improve next week?

What will I do to improve this skill?

Network Marketing
BUSINESS TRACKING JOURNAL

Notes

Network Marketing
BUSINESS TRACKING JOURNAL

Date: ___/___/___
Name: _____
Email: _____ ☐ Wh ☐ Hm
Phone: _____ ☐ Wh ☐ Hm | Source: _____
☐ 2 days: ___/___ ☐ 2 weeks: ___/___ ☐ 2 months: ___/___
Notes: _____
_____
_____

Date: ___/___/___
Name: _____
Email: _____ ☐ Wh ☐ Hm
Phone: _____ ☐ Wh ☐ Hm | Source: _____
☐ 2 days: ___/___ ☐ 2 weeks: ___/___ ☐ 2 months: ___/___
Notes: _____
_____
_____

Date: ___/___/___
Name: _____
Email: _____ ☐ Wh ☐ Hm
Phone: _____ ☐ Wh ☐ Hm | Source: _____
☐ 2 days: ___/___ ☐ 2 weeks: ___/___ ☐ 2 months: ___/___
Notes: _____
_____
_____

Network Marketing
BUSINESS TRACKING JOURNAL

Contract

Date:

Company:

Contracts Names and Titles:

1.
2.
3.

Business Description:

S.M.A.R.T Meeting Goals:

1.
2.
3.

Meeting Agents:

1.
2.
3.

Recent News, Events and Topics:

Their Next Steps:

1.
2.
3.
4.

Our Next Steps:

1.
2.
3.
4.

Network Marketing
BUSINESS TRACKING JOURNAL

Weekly
Reflections

What went well this week?	Why did it go well this week?

What could I have done better this week?	Why didn't it happen this week?

What skills will I improve next week?	What will I do to improve this skill?

Network Marketing
BUSINESS TRACKING JOURNAL

Notes

Network Marketing
BUSINESS TRACKING JOURNAL

Date: ____/____/____
Name: _____
Email: _____ ☐ Wh ☐ Hm
Phone: _____ ☐ Wh ☐ Hm | Source: _____
☐ 2 days: ___/___ ☐ 2 weeks: ___/___ ☐ 2 months: ___/___
Notes: _____
_____
_____

Date: ____/____/____
Name: _____
Email: _____ ☐ Wh ☐ Hm
Phone: _____ ☐ Wh ☐ Hm | Source: _____
☐ 2 days: ___/___ ☐ 2 weeks: ___/___ ☐ 2 months: ___/___
Notes: _____
_____
_____

Date: ____/____/____
Name: _____
Email: _____ ☐ Wh ☐ Hm
Phone: _____ ☐ Wh ☐ Hm | Source: _____
☐ 2 days: ___/___ ☐ 2 weeks: ___/___ ☐ 2 months: ___/___
Notes: _____
_____
_____

Network Marketing
BUSINESS TRACKING JOURNAL

Contract

Date: _____ / _____ / _____

Company: _____

Contracts Names and Titles:

1. _____
2. _____
3. _____

Business Description:

_____
_____
_____
_____

S.M.A.R.T Meeting Goals:

1. _____
2. _____
3. _____

Meeting Agents:

1. _____
2. _____
3. _____

Recent News, Events and Topics:

_____
_____
_____
_____

Their Next Steps:

1. _____
2. _____
3. _____
4. _____

Our Next Steps:

1. _____
2. _____
3. _____
4. _____

What went well this week?	Why did it go well this week?

What could I have done better this week?	Why didn't it happen this week?

What skills will I improve next week?	What will I do to improve this skill?

Network Marketing
BUSINESS TRACKING JOURNAL

Notes

Network Marketing
BUSINESS TRACKING JOURNAL

Record

Date: ____ / ____ / ____

Name: _____

Email: _____ ☐ Wh ☐ Hm

Phone: _____ ☐ Wh ☐ Hm | Source: _____

☐ 2 days: ___ / ___   ☐ 2 weeks: ___ / ___   ☐ 2 months: ___ / ___

Notes: _____
_____
_____

Date: ____ / ____ / ____

Name: _____

Email: _____ ☐ Wh ☐ Hm

Phone: _____ ☐ Wh ☐ Hm | Source: _____

☐ 2 days: ___ / ___   ☐ 2 weeks: ___ / ___   ☐ 2 months: ___ / ___

Notes: _____
_____
_____

Date: ____ / ____ / ____

Name: _____

Email: _____ ☐ Wh ☐ Hm

Phone: _____ ☐ Wh ☐ Hm | Source: _____

☐ 2 days: ___ / ___   ☐ 2 weeks: ___ / ___   ☐ 2 months: ___ / ___

Notes: _____
_____
_____

Network Marketing
BUSINESS TRACKING JOURNAL

Contract

Date: _____ / _____ / _____

Company: _____

Contracts Names and Titles:

1. _____
2. _____
3. _____

Business Description:

_____
_____
_____
_____

S.M.A.R.T Meeting Goals:

1. _____
2. _____
3. _____

Meeting Agents:

1. _____
2. _____
3. _____

Recent News, Events and Topics:

_____
_____
_____

Their Next Steps:	Our Next Steps:
1. _____	1. _____
2. _____	2. _____
3. _____	3. _____
4. _____	4. _____

What went well this week?	Why did it go well this week?

What could I have done better this week?	Why didn't it happen this week?

What skills will I improve next week?	What will I do to improve this skill?

Network Marketing
BUSINESS TRACKING JOURNAL

Notes

Network Marketing
BUSINESS TRACKING JOURNAL

Record

Date: ___/___/___

Name: _____

Email: _____ ☐ Wh ☐ Hm

Phone: _____ ☐ Wh ☐ Hm | Source: _____

☐ 2 days: ___/___ ☐ 2 weeks: ___/___ ☐ 2 months: ___/___

Notes: _____

_____

_____

Date: ___/___/___

Name: _____

Email: _____ ☐ Wh ☐ Hm

Phone: _____ ☐ Wh ☐ Hm | Source: _____

☐ 2 days: ___/___ ☐ 2 weeks: ___/___ ☐ 2 months: ___/___

Notes: _____

_____

_____

Date: ___/___/___

Name: _____

Email: _____ ☐ Wh ☐ Hm

Phone: _____ ☐ Wh ☐ Hm | Source: _____

☐ 2 days: ___/___ ☐ 2 weeks: ___/___ ☐ 2 months: ___/___

Notes: _____

_____

_____

Network Marketing
BUSINESS TRACKING JOURNAL

Contract

Date: _____

Company: _____

Contracts Names and Titles:

1. _____
2. _____
3. _____

Business Description:

_____
_____
_____

S.M.A.R.T Meeting Goals:

1. _____
2. _____
3. _____

Meeting Agents:

1. _____
2. _____
3. _____

Recent News, Events and Topics:

_____
_____
_____

Their Next Steps:

1. _____
2. _____
3. _____
4. _____

Our Next Steps:

1. _____
2. _____
3. _____
4. _____

Network Marketing
BUSINESS TRACKING JOURNAL

Weekly
Reflections

What went well this week?	Why did it go well this week?

What could I have done better this week?	Why didn't it happen this week?

What skills will I improve next week?	What will I do to improve this skill?

Network Marketing
BUSINESS TRACKING JOURNAL

Notes

Network Marketing
BUSINESS TRACKING JOURNAL

Record

Date: ____ / ____ / ____
Name: _____
Email: _____ ☐ Wh ☐ Hm
Phone: _____ ☐ Wh ☐ Hm | Source: _____
☐ 2 days: ___ / ___   ☐ 2 weeks: ___ / ___   ☐ 2 months: ___ / ___
Notes: _____
_____
_____

Date: ____ / ____ / ____
Name: _____
Email: _____ ☐ Wh ☐ Hm
Phone: _____ ☐ Wh ☐ Hm | Source: _____
☐ 2 days: ___ / ___   ☐ 2 weeks: ___ / ___   ☐ 2 months: ___ / ___
Notes: _____
_____
_____

Date: ____ / ____ / ____
Name: _____
Email: _____ ☐ Wh ☐ Hm
Phone: _____ ☐ Wh ☐ Hm | Source: _____
☐ 2 days: ___ / ___   ☐ 2 weeks: ___ / ___   ☐ 2 months: ___ / ___
Notes: _____
_____
_____

Network Marketing
BUSINESS TRACKING JOURNAL

Contract

Date: _____

Company: _____

Contracts Names and Titles:

1. _____
2. _____
3. _____

Business Description:

_____
_____
_____

S.M.A.R.T Meeting Goals:

1. _____
2. _____
3. _____

Meeting Agents:

1. _____
2. _____
3. _____

Recent News, Events and Topics:

_____
_____
_____

Their Next Steps:	Our Next Steps:
1. _____	1. _____
2. _____	2. _____
3. _____	3. _____
4. _____	4. _____

Network Marketing
BUSINESS TRACKING JOURNAL

Weekly
Reflections

What went well this week?

Why did it go well this week?

What could I have done better this week?

Why didn't it happen this week?

What skills will I improve next week?

What will I do to improve this skill?

Network Marketing
BUSINESS TRACKING JOURNAL

Notes

Network Marketing
BUSINESS TRACKING JOURNAL

Record

Date: ____/____/____
Name: _____
Email: _____ ☐ Wh ☐ Hm
Phone: _____ ☐ Wh ☐ Hm | Source: _____
☐ 2 days: ___/___   ☐ 2 weeks: ___/___   ☐ 2 months: ___/___
Notes: _____
_____
_____

Date: ____/____/____
Name: _____
Email: _____ ☐ Wh ☐ Hm
Phone: _____ ☐ Wh ☐ Hm | Source: _____
☐ 2 days: ___/___   ☐ 2 weeks: ___/___   ☐ 2 months: ___/___
Notes: _____
_____
_____

Date: ____/____/____
Name: _____
Email: _____ ☐ Wh ☐ Hm
Phone: _____ ☐ Wh ☐ Hm | Source: _____
☐ 2 days: ___/___   ☐ 2 weeks: ___/___   ☐ 2 months: ___/___
Notes: _____
_____
_____

Network Marketing
BUSINESS TRACKING JOURNAL

Contract

Date: ____ / ____ / ____

Company: _____

Contracts Names and Titles:

1. _____
2. _____
3. _____

Business Description:

_____
_____
_____

S.M.A.R.T Meeting Goals:

1. _____
2. _____
3. _____

Meeting Agents:

1. _____
2. _____
3. _____

Recent News, Events and Topics:

_____
_____
_____

Their Next Steps:	Our Next Steps:
1. _____	1. _____
2. _____	2. _____
3. _____	3. _____
4. _____	4. _____

What went well this week?	Why did it go well this week?

What could I have done better this week?	Why didn't it happen this week?

What skills will I improve next week?	What will I do to improve this skill?

Network Marketing
BUSINESS TRACKING JOURNAL

Notes

Network Marketing
BUSINESS TRACKING JOURNAL

Date: ____/____/____
Name: _____
Email: _____ ☐ Wh ☐ Hm
Phone: _____ ☐ Wh ☐ Hm | Source: _____
☐ 2 days: ___/___ ☐ 2 weeks: ___/___ ☐ 2 months: ___/___
Notes: _____
_____
_____

Date: ____/____/____
Name: _____
Email: _____ ☐ Wh ☐ Hm
Phone: _____ ☐ Wh ☐ Hm | Source: _____
☐ 2 days: ___/___ ☐ 2 weeks: ___/___ ☐ 2 months: ___/___
Notes: _____
_____
_____

Date: ____/____/____
Name: _____
Email: _____ ☐ Wh ☐ Hm
Phone: _____ ☐ Wh ☐ Hm | Source: _____
☐ 2 days: ___/___ ☐ 2 weeks: ___/___ ☐ 2 months: ___/___
Notes: _____
_____
_____

Network Marketing
BUSINESS TRACKING JOURNAL

Contract

Date: _____

Company: _____

Contracts Names and Titles:

1. _____
2. _____
3. _____

Business Description:

_____
_____
_____
_____

S.M.A.R.T Meeting Goals:

1. _____
2. _____
3. _____

Meeting Agents:

1. _____
2. _____
3. _____

Recent News, Events and Topics:

_____
_____
_____

Their Next Steps:

1. _____
2. _____
3. _____
4. _____

Our Next Steps:

1. _____
2. _____
3. _____
4. _____

What went well this week?	Why did it go well this week?
What could I have done better this week?	Why didn't it happen this week?
What skills will I improve next week?	What will I do to improve this skill?

Network Marketing
BUSINESS TRACKING JOURNAL

Notes

Date: ___/___/___
Name:
Email: ☐ Wh ☐ Hm
Phone: ☐ Wh ☐ Hm | Source:
☐ 2 days: ___/___ ☐ 2 weeks: ___/___ ☐ 2 months: ___/___
Notes:

Date: ___/___/___
Name:
Email: ☐ Wh ☐ Hm
Phone: ☐ Wh ☐ Hm | Source:
☐ 2 days: ___/___ ☐ 2 weeks: ___/___ ☐ 2 months: ___/___
Notes:

Date: ___/___/___
Name:
Email: ☐ Wh ☐ Hm
Phone: ☐ Wh ☐ Hm | Source:
☐ 2 days: ___/___ ☐ 2 weeks: ___/___ ☐ 2 months: ___/___
Notes:

Network Marketing
BUSINESS TRACKING JOURNAL

Contract

Date: _____

Company: _____

Contracts Names and Titles:

1. _____
2. _____
3. _____

Business Description:

_____
_____
_____

S.M.A.R.T Meeting Goals:

1. _____
2. _____
3. _____

Meeting Agents:

1. _____
2. _____
3. _____

Recent News, Events and Topics:

_____
_____
_____

Their Next Steps:

1. _____
2. _____
3. _____
4. _____

Our Next Steps:

1. _____
2. _____
3. _____
4. _____

BUSINESS TRACKING JOURNAL

Reflections

What went well this week?	Why did it go well this week?

What could I have done better this week?	Why didn't it happen this week?

What skills will I improve next week?	What will I do to improve this skill?

Network Marketing
BUSINESS TRACKING JOURNAL

Notes

Network Marketing
BUSINESS TRACKING JOURNAL

Notes

www.ingramcontent.com/pod-product-compliance
Lightning Source LLC
Chambersburg PA
CBHW070653220526
45466CB00001B/422